O QUE SABEMOS SOBRE O HINDUÍSMO?

ANITA GANERI

2ª edição

callis

Copyright © 1997 Callis Editora Ltda.
Copyright © MacDonald Young Books Ltd 1995
Título original: *What do we know about hinduism?*
Tradução: Henrique Amat Rêgo Monteiro

Coordenação editorial: Miriam Gabbai
Revisão: Ricardo N. Barreiros
Finalização de arquivos: Idenize Alves

2ª edição, 2011

CIP-BRASIL. CATALOGAÇÃO-NA-FONTE
SINDICATO NACIONAL DOS EDITORES DE LIVROS, RJ

G188o
2.ed.

Ganeri, Anita, 1961-
   O que sabemos sobre o hinduísmo? / Anita Ganeri ; [tradução de Henrique Amat Rêgo Monteiro]. - 2.ed. - São Paulo : Callis Ed., 2011.
        (O que sabemos sobre)

   Tradução de: What do we know about hinduism?
   ISBN 978-85-7416-564-6

   1. Hinduísmo - Literatura infantojuvenil. I. Título. II. Série.

10-6417.   CDD: 294.5
                     CDU: 23

09.12.10   14.12.10   023206

ISBN 978-85-7416-564-6

Agradecimentos pelo uso das fotos: Capas: Dinodia/Trip; Ancient Art&Architecture Collection, pág. 17(ae); The Bridgeman Art Library, Londres, guarda (British Library, Londres, pág. 38 (Freud Museum, Londres), 39(a) (Victoria&Albert Luseum, Londres); CIRCA Photo Librarty, págs. 9, 15(c), 17(b), 27(e); Dinodia/Trip, págs. 21(t), 32(d), 25(c), 43; Robert Harding Picture Library, págs. 12(e), 20(e), (Tony Gervis), 32(e) (JHC Wilson), 35(a), 35(b) (JHC Wilson), 41(b); Michael Holford, págs. 13(b), 14, 16; The Hutchison Library, págs. 31(b), 33(d) (MacIntyre), 37; Magnum, págs. 15(b) (RAGHU RAI), 26 (Abbas); Bipinchandra J Mistry, pág. 28(d); Chris Oxlade, pág. 26(e); Ann&Bury Peerless, págs. 13(a), 18, 19(a) (bd), 21(b), 22, 25(a), 27(d), 28(e), 29(a) (b), 31(c), 34, 36(d), 39(b), 42; Rex Features/Sipa-Press, pág. 31(a); Peter Sanders, págs. 23(a), 24, 25(b); Spectrum Colour Library, pág. 40; Tony Stone Images, pág. 8(e) (Anthony Cassidy), 8(c) (David Hanson); Trip, págs. 22(d) (Helene Rogers), 23(b) (Helene Rogers), 30 (W Jacobs), 33(e) (Helena Rogers).

Guardas: Esta pintura mostra uma cena do *Ramayana*, na qual Rama e Sita vivem em exílio na floresta.

Impresso no Brasil

2011
Todos os direitos reservados
Callis Editora Ltda.
R. Oscar Freire, 379 - 6º andar
01426-001 • São Paulo • SP
Tel.: (011) 3068-5600 • Fax.: (011) 3088-3133
www.callis.com.br • vendas@callis.com.br

SUMÁRIO

QUEM SÃO OS HINDUS?	8
CRONOLOGIA	10
COMO SURGIU O HINDUÍSMO?	12
EM QUE OS HINDUS ACREDITAM?	14
QUAIS SÃO OS PRINCIPAIS DEUSES E DEUSAS?	16
OS HINDUS ADORAM OUTROS DEUSES?	18
COMO VIVEM AS FAMÍLIAS HINDUS?	20
ONDE OS HINDUS REZAM?	22
COMO É O CULTO HINDU?	24
QUEM SÃO OS HOMENS SANTOS HINDUS?	26
QUAIS SÃO OS LIVROS SAGRADOS HINDUS?	28
QUAIS SÃO OS LUGARES SAGRADOS HINDUS?	30
QUAIS SÃO AS PRINCIPAIS FESTAS HINDUS?	32
QUAIS OS MOMENTOS MAIS IMPORTANTES NA VIDA DE UM HINDU?	34
O QUE É A MEDICINA TRADICIONAL HINDU?	36
COMO É A ARTE HINDU?	38
OS HINDUS GOSTAM DE MÚSICA E DANÇA?	40
OS HINDUS GOSTAM DE CONTAR HISTÓRIAS?	42
GLOSSÁRIO	44
ÍNDICE REMISSIVO	45

QUEM SÃO OS HINDUS?

Os hindus são seguidores de uma religião conhecida como hinduísmo. Esse nome foi criado por estudiosos ocidentais no século XIX. Os hindus denominam seu conjunto de crenças *sanatana dharma*, que significa "lei eterna" ou "ensinamento perpétuo". O nome "hindu" foi usado inicialmente pelos antigos persas (hoje iranianos) há mais de 2.000 anos para designar o povo que vivia a leste do rio Indo (hoje no Paquistão). O hinduísmo é uma das religiões mais antigas e mais difundidas do mundo. Surgiu há milhares de anos na Índia, onde ainda vive a maior parte de seus seguidores. Trata-se de uma religião muito prática e flexível, permitindo que as pessoas façam cultos de diversas maneiras, segundo suas necessidades.

HOMENS SANTOS
O homem ao lado é um *sadhu*, ou homem santo hindu. Os *sadhus* abandonam todas as suas posses para dedicar sua vida a orações e meditação. Eles perambulam de um lugar a outro, recebendo oferendas de alimentos e dinheiro das pessoas e retribuindo-lhes com bênçãos. Os homens santos são muito comuns em cidades e aldeias da Índia.

HINDUÍSMO EM BALI
Bali é uma minúscula ilha da Indonésia. A maior parte desse arquipélago é muçulmana, mas o hinduísmo floresceu em Bali ao longo dos últimos 1.200 anos. Cada vilarejo tem diversos templos hindus, como o acima, onde acontecem os eventos religiosos e oficiais.

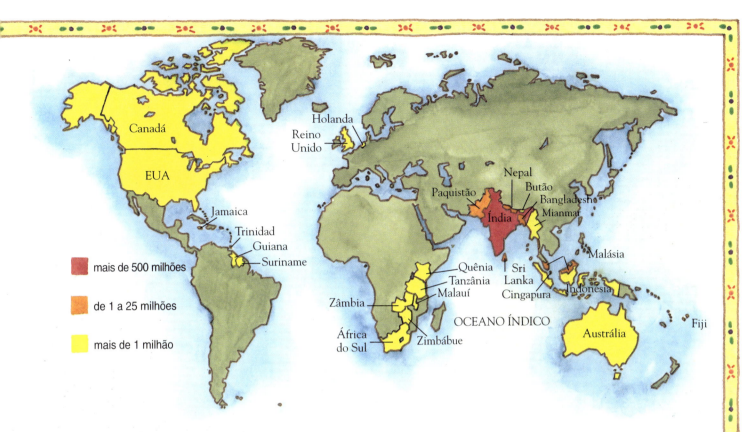

O MUNDO HINDU

Dois terços dos hindus vivem na Índia e nos países vizinhos como o Paquistão, Nepal, Butão, Sri Lanka, Bangladesh e Mianmar, mas há comunidades hindus por todo o mundo. Cerca de 1.000 anos atrás, viajantes levaram o hinduísmo para a Malásia, a Tailândia e outras partes do Sudeste Asiático, onde muitos hindus ainda vivem e trabalham. Recentemente, muitos hindus foram viver na Inglatrerra, no Canadá e nos Estados Unidos. Os hindus que vivem na África e nas Índias Ocidentais descendem de trabalhadores estabelecidos nesses países no século XIX.

NÚMERO DE HINDUS

Existem cerca de 700 milhões de hindus em todo o mundo. A esmagadora maioria vive na Índia, onde oito entre dez pessoas são hindus.

Diz-se que se nasce hindu: não se pode tornar-se um deles. Mas os não hindus são livres para seguir os ensinamentos do hinduísmo e utilizá-los como um guia de vida.

FIÉIS HINDUS

Os hindus levam sempre suas crenças consigo. Acima, cerimônia em um templo na Inglaterra, onde vivem milhares de hindus. Muitos foram para lá nos anos de 1950, procedentes de países que faziam parte do Império Britânico. Na maioria, os jovens hindus da Inglaterra nasceram e cresceram lá, mas as tradições e a cultura hindus são muito importantes para eles. O templo é um bom lugar para aprender sobre sua fé.

CRONOLOGIA

A EVOLUÇÃO DO HINDUÍSMO

C. 2500 a.C.	C. 1500 a.C.	C. 1500-1000 a.C.	C. 800 a.C.	C. 500 a.C.	400 a.C.-400 d.C.
A civilização do vale do Indo encontra-se no apogeu. Seus dois centros são as cidades de Harappa e Mohenjo Daro.	O povo ária começa a invadir a Índia vindo do noroeste. Sua religião védica mistura-se com as crenças do vale do Indo, formando a base do hinduísmo.	O *Rig Veda* e os outros três Vedas são usados pelos sacerdotes árias em seus rituais. Desenvolve-se o sistema de castas.	São compostos os *Upanishads*, que só serão escritos séculos depois.	Buda difunde seus ensinamentos por toda a Índia, estabelecendo as bases do budismo. A religião jainista é fundada por Mahavira.	São compostas grandes partes dos dois poemas épicos, o *Mahabharata* e o *Ramayana*.

Selo da civilização do vale do Indo

Buda

1828 d.C.	1784 d.C.	ANOS 1600-1700 d.C.	1632 d.C.	ANOS 1570 d.C.	1556-1605 d.C.
Ram Mohan Roy funda o Brahmo Samaj (Sociedade de Deus), que pretende reformar o hinduísmo.	Com base no Ato da Índia, os britânicos controlam politicamente a Índia, que se torna parte do Império Britânico. Tem início o domínio britânico na Índia.	Portugueses, franceses, holandeses e britânicos levam o cristianismo à Índia.	O imperador mogol xá Jahan começa a construção do Taj Mahal em Agra, como um memorial a sua esposa morta, Mumtaz.	O poeta Tulsi Das escreve sua grande obra, o *Ram Charit Manas*, baseada no *Ramayana*.	Reinado do imperador mogol Akbar, o Grande. Ele funda sua própria religião, um misto de crenças muçulmanas, hindus e cristãs.

1857 d.C.
Primeira Guerra de Independência Indiana contra os britânicos.

O Taj Mahal

A bandeira da Índia

1869 d.C.	1875 d.C.	1876 d.C.	1897 d.C.	1910 d.C.	1947 d.C.
Nascimento de Mahatma Gandhi, um dos líderes da Índia na luta pela libertação do domínio britânico.	Forma-se o Arya Samaj, outro movimento hindu.	A rainha Vitória é proclamada imperatriz da Índia. Ela nunca visitou a Índia.	Swami Vivekananda, um discípulo do homem santo Ramakrishna, estabelece a Missão Ramakrishna na Índia. Sua sede é em Calcutá.	Sri Aurobindo, um homem santo e ex-revolucionário, funda um centro religioso em Pondicherry, na Índia.	A Índia conquista a independência da Grã-Bretanha, mas é dividida em Índia hindu e Paquistão muçulmano.

A ÍNDIA DIVIDIDA

A Índia conquistou a independência do domínio britânico em 15 de agosto de 1947, mas pagou um preço alto por sua liberdade. A Liga Muçulmana, que defende os direitos dos muçulmanos da Índia, lutou pelo estabelecimento de um país separado para os muçulmanos indianos. O território foi dividido: a Índia, basicamente hindu, e o Paquistão, muçulmano. O recém-criado país do Paquistão foi também dividido, já que a maioria dos muçulmanos viviam no estado ocidental do Punjab (Paquistão Ocidental) e no estado oriental de Bengala (Paquistão Oriental), em lados opostos da Índia. A divisão da Índia causou grande sofrimento. Milhões de pessoas foram mortas na violência entre hindus e muçulmanos, e milhões ficaram sem moradia. Em 1971, o Paquistão Oriental tornou-se independente, com o nome de Bangladesh, de maioria muçulmana.

Suástica

SÍMBOLO DA PAZ

A suástica é um antigo símbolo hindu da paz. Costumava ser desenhada em cartões, convites e em tecidos, para trazer paz, boa sorte e felicidade a todos. O desenho da suástica foi usado com outro significado pelos nazistas, que dominaram a Alemanha desde 1930 até 1945, no final da Segunda Guerra.

320-550 d.C. A Índia é governada pelos reis guptas e desfruta a "idade de ouro" do hinduísmo.

Moeda gupta

C. 700-800 d.C O reino hindu de Mataram estabelece-se em Java, na Indonésia.

C. 800 d.C. O grande filósofo hindu Shankaracharya escreve os *Upanishads* e os divulga.

C. 900 d.C. Os reis cholas governam o sul da Índia. São construídos muitos dos mais belos templos.

1001 d.C Os muçulmanos começam a invadir a Índia pelo noroeste e a difundir o islã.

1526 d.C. É fundado na Índia o Império Mogol, muçulmano.

1469 d.C. Nascimento do guru Nanak, fundador da religião sikh.

1336-1555 d.C. O reino hindu de Vijayanagar prospera no sul da Índia, apesar da chegada dos muçulmanos ao norte.

C. 1050 d.C. Ramanuja, o filósofo hindu, ensina no sul da Índia.

Mahatma Gandhi

1948 d.C. Mahatma Gandhi é assassinado a caminho de um encontro religioso. Suas últimas palavras são: "He Ram" ("Oh, Deus").

ANOS 50-60 Muitos hindus deixam a Índia para ir viver na Inglaterra, no Canadá e nos Estados Unidos.

ANOS 90 Eclode a luta entre muçulmanos e hindus em Ayodhya, o local de nascimento de Rama. O partido Bharatiya Janata, um partido político hindu, ganha mais poder.

COMO SURGIU O HINDUÍSMO?

Embora saibamos que o hinduísmo é uma das mais antigas religiões do mundo, não há uma data que marque seu começo. Suas raízes datam de mais de 4.000 anos, no tempo da civilização do vale do Indo, que floresceu ao longo do rio Indo, no oeste da Índia. Foram encontradas muitas imagens de argila entre as ruínas das cidades desse vale, algumas representando deuses e deusas semelhantes aos venerados ainda hoje pelos hindus. A civilização do vale do Indo desmoronou por volta de 2000 a.C. Cerca de 500 anos mais tarde, o povo ária começou a chegar na Índia em grupos vindos do noroeste. Sua religião misturou-se com a religião do vale do Indo, formando a base do hinduísmo. Os árias veneravam muitos deuses, a maioria vinculada à natureza e ao mundo ao redor deles. Os hinos religiosos cantados por seus sacerdotes ainda estão entre os textos mais sagrados dos hindus.

CIVILIZAÇÃO DO VALE DO INDO

As duas grandes cidades da civilização do vale do Indo eram Harappa e Mohenjo Daro. Os arqueólogos começaram a escavá-las nos anos de 1920. Cada uma delas tinha um forte no alto de um morro, ou cidadela (veja abaixo), usado como templo e sede do governo. Entre os artefatos encontrados, há centenas de selos de pedra como este à direita, usados para marcar mercadorias. Muitos representam cenas religiosas ou animais sagrados, como touros e elefantes.

Selo de um touro

REI OU SACERDOTE?

O busto esculpido em pedra acima foi encontrado nas ruínas de Mohenjo Daro. Pode ter sido a representação de um rei ou de um sacerdote com os olhos fechados em meditação. Também foram encontradas máscaras e coberturas de cabeça que deviam pertencer a sacerdotes do vale do Indo.

RITUAIS E SACRIFÍCIOS

Os árias realizavam rituais elaborados para satisfazer os deuses, de modo que lhes concedessem bênçãos como uma boa saúde e uma boa colheita. No centro dos rituais mais importantes, encontrava-se o fogo do sacrifício, nele o sacerdote lançava oferendas de cereais, especiarias, manteiga e leite. Bodes e cavalos também eram sacrificados aos deuses. Os árias acreditavam que o fogo atuava como uma ponte entre este mundo e o mundo divino, levando seus sacrifícios até os deuses. Durante os sacrifícios, os sacerdotes cantavam e entoavam hinos e fórmulas mágicas. Estas deviam ser recitadas corretamente. Um erro poderia significar que o sacrifício não funcionaria e todo o ritual teria de ser feito outra vez, o que poderia demorar vários dias.

AGNI

A escultura acima representa Agni, o deus do fogo e do sacrifício, um dos mais importantes deuses árias. Agni era também venerado como o deus do lar, porque era encontrado na lareira de todas as casas.

INDRA

Na figura abaixo, o deus Indra está passeando no céu montado em seu elefante branco de guerra. Deus ária da guerra, Indra ficou famoso por sua bravura e por sua força. Ele era também o deus das tempestades e do trovão. Sua arma especial era o *vajra*, ou o raio, que ele usava para destruir seus inimigos. Indra era o deus ária mais popular e muitos hinos eram cantados em seu louvor.

✦ EM QUE ✦ OS HINDUS ACREDITAM?

Existem diversas maneiras de ser hindu. Alguns hindus praticam seu culto diariamente, outros não tomam parte de nenhum culto formal. Não existem regras estabelecidas. Mas a maioria dos hindus compartilham as mesmas crenças básicas. Uma crença importante é a da reencarnação, que significa que sua alma renascerá em outro corpo, humano ou animal, depois da morte. Você poderá renascer muitas vezes mais, num ciclo de morte e renascimento chamado *samsara*. O objetivo de vida de um hindu é se libertar desse ciclo e alcançar o *moksha*, ou a salvação. Tendo uma vida de bondade, você pode renascer numa forma mais adiantada e aproximar-se de *moksha*. Isso depende de suas ações e dos resultados delas, o que é conhecido como *carma*.

BUSCANDO A SALVAÇÃO

Estes hindus estão se banhando no sagrado rio Ganges. Eles acreditam que sua água seja santa e que, banhando-se nela e bebendo-a, irão lavar seus pecados e se aproximar de *moksha*. O banho desempenha um papel importante no hinduísmo. Muitos templos têm tanques, poços ou bicas onde os fiéis podem se banhar, de modo que estejam limpos e purificados ao entrar no santuário.

"Om", um símbolo sagrado

SOM SAGRADO

Este é o som "Om", escrito na grafia hindi. Os hindus acreditam que seja um símbolo de perfeição espiritual. Ele é recitado no começo das orações, bênçãos e leituras de livros sagrados, e também é usado durante a meditação (veja p. 27).

ESCOLAS MONÁSTICAS
Estes meninos estão sendo educados em um *ashram*, um misto de escola, universidade e monastério. Ali eles aprendem sobre sua fé com sacerdotes e mestres religiosos chamados *gurus*. Os *ashrams* também oferecem abrigo e são um ambiente de estudo e meditação para homens santos de passagem. Os devotos hindus em busca de paz, sossego e um distanciamento da pressa e da agitação do mundo vão lá para encontrar orientação espiritual. A ligação entre um guru e seus alunos é muito forte. Os alunos sempre tratam seu guru com grande respeito.

UM MODO DE VIVER
O hinduísmo não é uma religião formal e estática, à margem da vida comum. Ele afeta tudo o que um hindu faz, do trabalho no campo até o preparo de *chapattis* para uma refeição. O hinduísmo é parte integrante da vida cotidiana. Os deuses e deusas sempre aparecem nos filmes hindus. Os hindus tentam viver de acordo com um código de comportamento chamado *dharma*. Isto significa cumprir a obrigação com a família e os amigos, trabalhar bastante e ser honesto.

 ## CAMINHOS A SEGUIR

Existem quatro caminhos que os hindus podem seguir para alcançar *moksha*. Eles podem escolher o que mais lhes agradar.

O Caminho da Devoção – oração, culto e devoção a um deus pessoal.
O Caminho do Conhecimento – estudo e aprendizado, sob a orientação de um guru.
O Caminho das Boas Ações – agir desinteressadamente, sem nenhuma intenção de obter recompensa para si mesmo.
O Caminho da Ioga – ioga (veja p. 27) e meditação.

⋄ QUAIS SÃO ⋄ OS PRINCIPAIS ⋄ ⋄ DEUSES E ⋄ ⋄ DEUSAS? ⋄

A maioria dos hindus acredita numa alma ou espírito supremo, chamado Brahman. Brahman não tem corpo nem forma, está em todos os lugares, o tempo todo, permeando tudo. Os deuses e deusas do hinduísmo representam diferentes manifestações, ou características, de Brahman. Os três deuses principais são Brahma, o Criador; Vishnu, o Protetor; e Shiva, o Destruidor. Vishnu e Shiva são deuses muito populares, venerados por milhões de hindus, com templos em sua homenagem por toda a Índia. Existe apenas um templo dedicado a Brahma. O hindu pode venerar um deus, muitos deuses ou nenhum. Muitas pessoas acham mais fácil ter uma imagem mental de um deus enquanto o veneram. As famílias costumam ter seus próprios deuses especiais, que veneram ao longo de muitas gerações como uma tradição familiar.

BRAHMA

Os deuses e deusas hindus costumam ser pintados ou esculpidos com várias cabeças ou braços para demonstrar suas habilidades especiais. Esta estátua de Brahma tem quatro rostos, embora se possa ver apenas três de cada vez. Os quatro rostos demonstram que o domínio de Brahma se estende aos quatro pontos cardeais. Brahma é também apresentado com quatro braços, em que ele segura os livros sagrados, o rosário e o cantil de água de um homem santo. Brahma é o criador do Universo e o deus da sabedoria. Sua esposa é Saraswati, a deusa da arte, da música e da literatura. Ela é geralmente apresentada tendo nas mãos um livro e uma *vina*, um tipo de instrumento musical.

SHIVA

Nas pinturas e estátuas, Shiva, o Destruidor do Mundo, costuma se apresentar dançando. A dança é uma maneira de representar a energia fluindo pelo mundo, o que produz o dia e a noite, as estações, o nascimento e a morte. Shiva dança pisando sobre o anão da ignorância.

A dança de Shiva

VISHNU

Vishnu é o protetor do Universo. Ele monta uma águia enorme, Garuda, com sua esposa, Lakshmi, a deusa da beleza e da boa sorte. Vishnu costuma ser representado com quatro braços, em que segura uma concha, uma flor de lótus, um disco e um cajado.

AVATARES

Para salvar o mundo, Vishnu tem de vir à terra dez vezes, em dez formas diferentes, ou *avatares*:
Matsya, o peixe
Kurma, a tartaruga
Varaha, o porco
Narasimha, o homem-leão
Vamana, o anão
Parashurama, o guerreiro
Senhor Rama
Senhor Krishna
Buda
Kalki, o ginete do cavalo branco, que ainda está por vir.

MONTARIAS DOS DEUSES

Todos os deuses e deusas têm seus animais especiais de montaria. Brahma monta um ganso e Saraswati, um pavão ou um cisne. Vishnu monta uma águia ou uma enorme serpente. Shiva monta um grande touro, Nandi, mostrado abaixo. Todo templo de Shiva tem sua própria estátua de Nandi montando guarda em sua entrada.

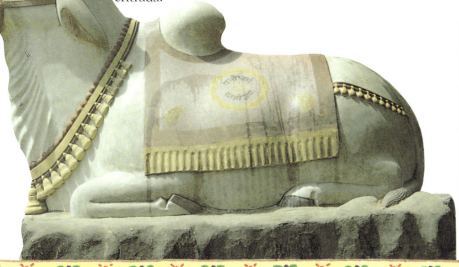

OS HINDUS ADORAM OUTROS DEUSES?

Além dos três deuses principais, o hinduísmo tem milhares de outros deuses e deusas. Alguns são venerados em toda a Índia, outros são conhecidos apenas em determinadas regiões ou mesmo em certas aldeias. As mais importantes dessas divindades são Rama e Krishna, dois avatares de Vishnu, e a deusa Parvati, a esposa de Shiva. Rama e Krishna são deuses muito populares e queridos. Muitas pessoas os veneram porque sentem que são mais acessíveis que outros deuses. A deusa Parvati é venerada em diversas formas: como a bondosa Deusa-Mãe, como a deusa sedenta de sangue Kali e como Durga, a deusa da guerra. A exemplo de muitas divindades hindus, Parvati é um misto de bem e mal, bondade e crueldade, vida e morte.

RAMA E SITA

A cena à esquerda mostra Rama e sua esposa, Sita, na floresta com seu servo fiel, o deus-macaco Hanuman. Rama é o herói do grande poema épico *Ramayana* (veja p. 29), que conta sua vitória sobre o demoníaco rei do mal, Ravana. Rama é venerado como um ser humano ideal: valente, belo, leal e bondoso. Ele é um grande herói, um bom marido e um rei justo. O deus-macaco, Hanuman, que ajuda Rama a se defender de Ravana, é venerado como um deus por sua própria natureza.

SOL E LUA

Surya, o deus do Sol, passeia em sua carruagem dourada pelo céu a cada manhã, trazendo luz e calor ao mundo depois da escuridão da noite. Sua esposa é Ushas, a deusa do amanhecer.

Surya, o deus do Sol

Chandra, o deus da Lua

Assim que a noite cai, é a vez de Chandra, o deus da Lua, passear em sua carruagem prateada pelo céu, como a Lua brilhante.

KRISHNA
Krishna, o oitavo avatar de Vishnu, é um dos deuses hindus mais conhecidos. Ele é famoso por sua natureza maliciosa e pelas peças que prega nos amigos. Ele também pratica milagres, como erguer uma montanha para proteger os companheiros durante uma chuva torrencial, e é o herói de muitas aventuras. Krishna é em geral representado com a pele azul-escura ou preta e portando ou tocando uma flauta. Ele costuma estar cercado por vacas e *gopis*, ou amas de leite.

DURGA
Durga é a forma guerreira da deusa Parvati. Aqui ela cavalga o dorso de um tigre feroz, com um tipo de arma em cada uma de suas dez mãos. Ela está prestes a enterrar sua espada num búfalo, na verdade um demônio terrível disfarçado, para completar a tarefa que os outros deuses lhe encomendaram.

Ganesha

GANESHA
Ganesha, deus com cabeça de elefante, é patrono dos viajantes e remove obstáculos. Os hindus oram a Ganesha antes de algo novo, como em um novo trabalho ou na mudança de casa. Ganesha é filho de Shiva com Parvati. Ele monta um camundongo ou um rato.

COMO VIVEM AS FAMÍLIAS HINDUS?

A vida familiar é muito importante para os hindus. Tradicionalmente, os hindus vivem em meio a uma grande família, com pais, avós, filhos, tios e tias, todos morando sob o mesmo teto. Isso se chama uma família unida. A casa pode ser muito barulhenta e superpovoada, mas ninguém nunca se sente sozinho. Todos compartilham das responsabilidades e dos trabalhos domésticos e cuidam uns dos outros. As crianças aprendem sobre sua religião com os pais e avós e são também instruídas a respeitar os mais velhos. Elas cumprimentam os avós, tios e tias inclinando o corpo e tocando seus pés em sinal de respeito. Como recompensa, recebem sua bênção.

FAMÍLIA UNIDA
Esta garota hindu acabou de se casar e é vista aqui com o marido e os integrantes da família dela. Depois da cerimônia de casamento, ela vai deixar a própria família para ir morar na casa da família do marido, com seus pais, irmãos e respectivas esposas. Cada membro de uma família hindu tem um título especial que demonstra sua posição na hierarquia familiar. Os hindus raramente chamam as pessoas por seu primeiro nome. Por exemplo, você pode chamar o irmão mais novo de seu pai de *chachaji* e a esposa dele *chachiji*, a irmã mais nova de seu pai de *buaji* e o marido dela de *phuphaji*. Enfim, a coisa pode ficar muito complicada.

SISTEMA DE CASTAS
Os hindus estão divididos em quatro classes, ou castas, tradicionalmente baseadas em seu tipo de trabalho. A casta mais alta é a dos brâmanes, ou sacerdotes. A seguir vem a dos xátrias, os guerreiros e os nobres. Abaixo deles vêm os vaixiás, ou mercadores, e por fim os sudras, ou trabalhadores comuns, como os ceramistas ao lado. Um quinto grupo, os párias, era considerado fora do sistema de castas, porque faziam, segundo os hindus, o trabalho mais sujo. Você nasce numa casta e permanece nela a vida toda, mas poderá renascer numa casta mais elevada ou inferior, dependendo de seu carma.

Doces

COMIDA VEGETARIANA

Os hindus respeitam todas as formas de vida. Muitos são vegetarianos, porque não concordam em matar animais para comer. Uma refeição típica consiste de diversos pratos vegetais condimentados, com *dahi* (iogurte) e pão chato ou arroz, comidos em folha de bananeira ou grandes bandejas de metal. As pessoas comem com os dedos, usando apenas a mão direita, porque a mão esquerda é considerada suja. Para beber, eles tomam água, chá adoçado ou uma bebida de iogurte chamada *lassi*.

DOCES INDIANOS

Muitos hindus gostam de doces e esses são dados de presente em casamentos e outras ocasiões festivas. Os doces são feitos de leite, queijo, nozes, coco e açúcar. Dois dos doces favoritos são o *badam burfi*, com sabor de amêndoa, e o adocicado *rasgulla*.

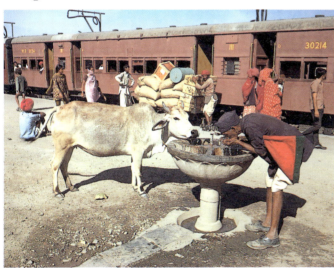

VACAS SAGRADAS

Onde quer que você vá na Índia, encontrará vacas perambulando pelas ruas, pastando restos de vegetais e atrapalhando o trânsito. Os hindus acreditam que as vacas são animais sagrados porque produzem leite, uma fonte muito preciosa de alimentos. Nenhum hindu fará mal ou mesmo matará uma vaca, nem comerá um bife.

A ESCOLHA DE NOMES

Muitas crianças hindus ganham um nome em homenagem aos deuses e deusas, ou então com outros significados especiais dentro da religião.

Meninos
Rajendra – Senhor Indra
Janardhan – outro nome de Krishna
Anand – alegria, felicidade
Mahesh – Senhor, Deus

Meninas
Devi – deusa
Puja – prece, culto religioso
Vandana – adorador, fiel
Lakshmi – esposa de Vishnu

ONDE OS HINDUS REZAM?

Os hindus praticam seu culto em templos chamados *mandir*. Existem templos por toda a Índia e muitos deles foram construídos em outras partes onde os hindus se estabeleceram. Os templos são em geral dedicados a um deus, deusa ou homem santo. São vistos como o lar terrestre da divindade, cuja presença é confirmada por uma imagem ou estátua num santuário ou altar na parte mais interior e sagrada do templo. Muitos hindus também praticam seu culto em casa, num aposento ou parte de aposento convertida em santuário.

Contudo, não existem regras estabelecidas sobre onde os hindus deveriam praticar seu culto. Algumas pessoas visitam o templo todos os dias, outras apenas em ocasiões especiais, como nas festas.

TEMPLOS

Este é o portão de entrada de um templo dedicado a Shiva em Kanchipuram, no sul da Índia. O portão de entrada, chamado *gopuram*, é todo decorado com esculturas de deuses e deusas. No norte da Índia, os templos são diferentes. A parte mais alta do templo é uma torre pontiaguda chamada *shikhara*, construída sobre o altar do templo.

Sino do templo

SINO DO TEMPLO

Os templos hindus são lugares barulhentos e cheios de vida, repletos de sons de pessoas orando, dançando e cantando hinos sagrados. Os fiéis tocam o sino do templo ao entrar no templo e repetem o gesto na saída.

SANTUÁRIOS DE RUA

Além dos grandes templos, existem também pequenos santuários em várias esquinas, nos quais os hindus podem rezar a caminho do trabalho ou da escola. Ali eles fazem uma pequena oração ou oferecem algumas flores ou doces ao deus. O santuário de rua ao lado é dedicado a Shiva, representado por uma escultura em pedra chamada *lingam* (veja p. 38). O touro, Nandi, fica ali de guarda. Os santuários também são muito encontrados no campo e em aldeias.

OUTROS TEMPLOS

O único templo da Índia dedicado a Brahma fica na cidade de Pushkar, em Rajasthan, no oeste da Índia. À entrada, existe um ganso, o animal de Brahma, o qual se acredita tenha escolhido o local do santuário.

Um grupo de lindos templos de pedra situa-se ao longo da costa de Mahabalipuram, no sul da Índia. Foram esculpidos durante o século VII d.C. A cidade ainda é famosa pela habilidade de seus escultores e artesãos em trabalhos na pedra.

Templos de Mahabalipuram

CULTO DOMÉSTICO

Muitos hindus reservam um local de sua casa como um santuário onde a família possa rezar. Pode ser um aposento, um canto na sala ou no quarto, ou simplesmente uma prateleira, com a estátua ou figura do deus ou deusa favorito da família. O santuário ao lado é dedicado a Saraswati, a deusa da arte e da música, que é a esposa de Brahma. Os potes de latão no chão contêm oferendas de folhas, flores e doces que serão presenteados à deusa em troca de sua bênção.

COMO É O CULTO HINDU?

Quando os hindus visitam um templo ou santuário, não é apenas para rezar mas também para obter um *darshana* do deus ou deusa. Isto significa uma visão da imagem ou estátua que mostra a presença do deus ou deusa no altar. Os fiéis então executam uma cerimônia chamada *puja*. Eles oferecem flores, frutas, doces e água santa do rio Ganges para a divindade, em troca de suas bênçãos. Não há um tipo de culto ou um tempo determinado para a oração no templo. Os hindus podem visitar o templo sempre que quiserem, sozinhos, com amigos ou parentes. Algumas vezes, toda uma vila visita o templo de uma cidade vizinha.

O ALTAR
O sacerdote senta-se próximo à imagem do deus ou deusa no altar do templo e é a única pessoa que pode aproximar-se da imagem. Ele aceita as oferendas dos fiéis e realiza o *puja* para eles. Então ele marca sua testa com um sinal vermelho de bênção, chamado *tilaka*.

OFERENDAS DO TEMPLO

Na tenda ao lado, são expostos flores, bananas, incenso e pós coloridos para que os fiéis comprem antes de entrar no templo. Há tendas como esta ao lado da maioria dos templos indianos. As oferendas são conhecidas como *prasad*. O sacerdote as recebe dos fiéis e as oferece ao deus para serem abençoadas. Pode-se também colocar em volta do deus uma bandeja de pequenas lamparinas acesas, chamada *arati*, para se obter sua bênção.

DENTRO DO TEMPLO

Antes de entrar no templo, os hindus têm de tirar os sapatos e as mulheres devem cobrir a cabeça em sinal de respeito. Os fiéis ao lado esperam por um *darshana* do deus Hanuman, e trazem suas oferendas em bandejas de guirlandas de flores e lamparinas. Como parte da devoção, as pessoas caminham devagar ao redor do santuário, sempre no sentido do ponteiro dos relógios, para que mantenham a mão direita voltada para o altar e para o deus.

Pote de água

Guirlanda

BÊNÇÃO

Muitas orações e passagens dos livros sagrados são cantadas ou entoadas durante o culto. Esta prece curta chama-se Gayatri Mantra. É entoada de manhã, quando o Sol se levanta.

"Meditemos sobre o brilho e a glória do deus do Sol, que ilumina o céu e a terra. Que ele nos inspire e abençoe".

· QUEM SÃO ·
· OS HOMENS ·
SANTOS HINDUS?

Entre os homens santos hindus, encontramos mestres religiosos, sacerdotes e pessoas que abandonaram suas casas e propriedades para seguir uma vida de orações e meditação. Alguns homens santos vivem como monges peregrinos, chamados *sannyasins*. Outros vão a um *ashram* (escola monástica) para estudar com o guru, ou mestre, e aprender como se tornar eles próprios mestres. Uma pessoa muito conhecedora de religião é chamada *pandit*. Alguns hindus veneram homens santos, em vez de deuses ou deusas, e existem muitos templos dedicados a eles, assim como os dedicados aos deuses.

HOMEM SANTO

As marcas horizontais na testa deste *sadhu*, ou homem santo, indicam que é um seguidor de Shiva. Os seguidores de Vishnu trazem marcas verticais na testa. O *sadhu* está usando um rosário de contas sagradas e uma roupa cor-de-açafrão, uma cor sagrada. Ele deixou seu cabelo e a barba crescerem bastante. O *sadhu* está meditando à margem do rio Ganges. Ele tem muito poucos pertences, mas recebe dinheiro e alimento dos outros fiéis.

 PALAVRAS SAGRADAS

Eis algumas frases criadas por homens santos hindus que ficaram famosos:

"As diversas religiões que existem no mundo, embora possam diferir na forma de seu culto, são na verdade apenas uma só."
Swami Vivekananda

"Não tenho nada de novo a ensinar ao mundo. A verdade e a não violência são tão antigas quanto as montanhas."
Mahatma Gandhi

"Uma pessoa que aceita uma dádiva dos deuses e não a retribui é um ladrão."
Sri Aurobindo

MISSÃO RAMAKRISHNA
O templo abaixo é parte da Missão Ramakrishna na Índia. Foi fundada em 1897 por Swami Vivekananda, um seguidor de um homem santo chamado Ramakrishna. Ele pregava a igualdade das religiões e acreditava não apenas nos deuses hindus, mas também em Jesus Cristo e Maomé, o fundador do Islã. A missão divulga a mensagem de Ramakrishna e mantém escolas e hospitais em toda a Índia.

IOGA E MEDITAÇÃO
Muitos homens santos hindus, e hindus comuns também, usam exercícios de ioga e a meditação para ajudá-los a guiar seu corpo e mente em busca de *moksha*. O desenho abaixo é chamado *yantra*. As pessoas se concentram fortemente nos *yantras*, que as ajudam a focalizar a mente durante a meditação. Elas também costumam repetir uma palavra ou frase várias vezes seguidas.

BRÂMANES E SACERDOTES
Cada templo tem seu próprio sacerdote, que conduz a cerimônia da *puja* e cuida da imagem do deus ou deusa. O sacerdote também ajuda as pessoas na leitura e no estudo dos livros sagrados e no aprendizado da religião. A maioria das famílias hindus tem seu próprio sacerdote. Ele vai até sua casa para oficiar as cerimônias que ocorrem na época do nascimento de uma criança, em um casamento ou funeral. Os sacerdotes nasceram na casta dos brâmanes.

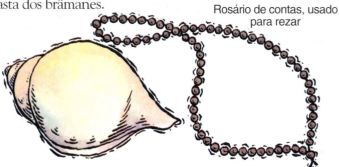

Rosário de contas, usado para rezar

Concha sagrada

Yantra

QUAIS SÃO OS LIVROS SAGRADOS HINDUS?

Os mais antigos livros sagrados hindus datam do tempo dos árias, mais de 3.000 anos atrás. Trata-se de quatro coleções de hinos, orações e fórmulas mágicas, chamadas *Vedas*. O mais antigo e mais sagrado é o *Rig Veda*, o "Filho do Saber", que contém mais de mil hinos. Os outros textos hindus de maior importância são os *Upanishads* e dois extensos poemas, o *Mahabharata* e o *Ramayana*. Os *Vedas* e os *Upanishads* são chamados textos *shruti*, ou "ouvidos". Acredita-se que um grupo de homens sábios os ouviu diretamente de Brahma muito tempo atrás. Os outros textos são conhecidos como *shmriti*, ou "lembrados". Foram compostos por pessoas e passados adiante. Durante milhares de anos, nenhum dos textos sagrados foi escrito. Foram decorados e passados boca a boca.

OS UPANISHADS

Os *Upanishads* foram compostos por volta de 800 a.C. Eram constituídos de ensinamentos sagrados ministrados por gurus a seus alunos, usando parábolas e histórias para passar uma mensagem. Os *Vedas* tratam da veneração aos deuses por meio do fogo e sacrifícios, ao passo que os *Upanishads* se concentram no relacionamento das pessoas com Brahma. À direita, versos dos *Upanishads* gravados na parede de um templo em Varanasi, na Índia.

BHAGAVAD GITA

O *Bhagavad Gita* é a parte mais importante e divulgada do *Mahabharata*, um poema com mais de 90 mil versos. O *Mahabharata* conta a história de uma guerra entre os kauravas e os pandavas, duas famílias reais aparentadas, as quais pretendiam controlar o reino de Hastinapura, que pertencia por direito aos pandavas. O *Bhagavad Gita*, a "Canção do Senhor", situa-se no campo de batalha, pouco antes de começar a luta. É uma conversa entre Arjuna, um dos pandavas, e seu cocheiro, o deus Krishna, representado à esquerda. Krishna está prestes a tocar sua concha para chamar os soldados para a batalha. Arjuna conta a Krishna como está triste e amedrontado por ter de lutar contra seus primos, os kauravas. Krishna replica que Arjuna deve ignorar seus próprios sentimentos e cumprir seu dever como guerreiro, pois o caminho para a *moksha* é a ação desinteressada, não pensando em si. Arjuna aceita o conselho de Krishna e conduz seus soldados à batalha. A luta dura 18 dias, até o exército kaurava ser aniquilado.

SÂNSCRITO

Os *Vedas* e os *Upanishads* eram falados e mais tarde foram escritos em sânscrito, a antiga língua dos árias e a língua sagrada da Índia. O termo "sânscrito" significa "aperfeiçoado". Acredita-se que o sânscrito tenha o dom especial de estabelecer comunicação com os deuses. Ele não é falado atualmente, a não ser com propósitos religiosos, mas ainda é estudado por sacerdotes e pesquisadores. O hindi, a língua moderna da Índia, evoluiu do sânscrito.

Você tem o direito de cumprir sua obrigação,
Mas não tem direito aos frutos de sua ação.
Qualquer que seja o resultado de seus atos,
Não condene a si mesmo o objetivo de seus atos.
E nunca escolha o caminho do não cumprimento de sua obrigação.

Bhagavad Gita (capítulo 2: verso 47)

O RAMAYANA

O *Ramayana* conta a história do deus Rama e como resgata sua esposa, Sita, do demônio, Ravana. Você pode ler essa história nas páginas 42-43. O poema foi composto há mais de 2.000 anos, mas a mais famosa versão da lenda foi escrita nos anos 1570 pelo poeta Tulsi Das, representado ao lado. O *Ramayana* foi convertido em seriado para a televisão indiana. As pessoas ficaram tão aborrecidas quando o seriado terminou que foi escrito um novo final, para prolongá-lo.

QUAIS SÃO OS LUGARES SAGRADOS HINDUS?

Todo ano, milhões de hindus partem em viagens especiais, ou peregrinações, a lugares sagrados como templos, montanhas e rios. Eles viajam de avião, trem, barco ou carro de boi. Algumas pessoas vão a pé, ainda que a viagem possa durar vários dias ou mesmo semanas. Existem muitas razões para se fazer uma peregrinação. Uma pessoa pode querer rezar por algo especial, como para ter saúde ou pelo nascimento de um filho, ou para agradecer aos deuses por pedidos atendidos. Os hindus também acreditam que uma visita a um lugar sagrado os ajudará a aproximar-se de *moksha*. Muitos lugares sagrados estão ligados a acontecimentos da vida dos deuses, deusas e homens santos ou são famosos por sua beleza e capacidade de cura.

ENCRUZILHADAS

O mapa ao lado mostra alguns dos lugares sagrados da Índia, incluindo as sete cidades hindus mais sagradas: Varanasi (Benares), Ayodhya, Mathura, Hardwar, Ujjain, Dwarka e Kanchipuram. Esses lugares são chamados *tirthas*, que significa "passagens" ou "encruzilhadas". Os hindus acreditam que nesses lugares se pode passar deste mundo para *moksha*.

O SAGRADO GANGES

Varanasi é o lugar de peregrinação mais sagrado para os hindus. Milhões de pessoas convergem à cidade para lavar seus pecados no sagrado rio Ganges e espalhar as cinzas de parentes mortos sobre suas águas. Acreditam que Varanasi seja o melhor lugar para morrer. Os peregrinos se banham nos degraus de pedra, chamados *ghats*, ao longo da margem do rio. Há centenas de templos na cidade, a maioria dedicada a Shiva. Lendas hindus contam que Shiva escolheu Varanasi como sua residência na terra.

FEIRAS DE BANHO

A cada 12 anos, em janeiro ou fevereiro, uma enorme feira acontece em Allahabad. A data exata da feira é fixada por um astrólogo. Mais de 2 milhões de peregrinos banham-se em um local próximo à cidade, onde o rio Ganges, o rio Yamuna e o rio mítico Saraswati se encontram. São tantos peregrinos que um extenso acampamento é montado às margens dos rios. Esse tipo de feira de banho chama-se *kumbha mela*.

LENDA DO GANGES

Eis a história de como o rio Ganges caiu na terra. Um rei chamado Bhagiratha implorou a Shiva para deixar o Ganges cair na terra de modo que seus poderes mágicos pudessem trazer de volta seus ancestrais mortos. Shiva concordou, mas a terra seria destruída pelo grande peso das águas. Assim, prendeu o Ganges em seu cabelo, para amenizar a queda, deixando que ele escorresse delicadamente pela cadeia do Himalaia.

RAMESHWARAM

A foto acima mostra a grandiosa entrada do famoso templo Ramanathaswamy, na ilha de Rameshwaram, no sul da Índia. Diz-se que Rama fez ali suas orações depois da batalha contra Ravana (veja p. 42-43). Hoje, o templo é um importante centro de peregrinação para os hindus. Sua construção foi iniciada no século XII d.C.

CASAS DE MONTANHA

A poderosa cadeia de montanhas do Himalaia estende-se pelo norte da Índia. São as montanhas mais altas do mundo e muitas delas são lugares sagrados. Por exemplo, o monte Kailash é sagrado em homenagem a Shiva e Parvati. Os peregrinos ao lado fazem a difícil viagem a Gangotri, a nascente do rio Ganges, no alto das montanhas cobertas de neve. A oeste de Gangotri fica Yamunotri, a nascente de outro rio sagrado, o Yamuna. O rio brota de um lago gelado.

QUAIS SÃO AS PRINCIPAIS FESTAS HINDUS?

As festas hindus, alegres e animadas, são momentos em que toda a família, a comunidade ou o vilarejo se reúnem nas comemorações. Ao longo de todo o ano, há centenas de festas, grandes e pequenas. Algumas comemoram os aniversários dos deuses ou outras datas importantes de sua vida. Outras estão ligadas à mudança das estações, à época da colheita ou a acontecimentos familiares. Existem festas demais para celebrar todas, mas a maioria dos hindus comemora as principais festas: Diwali, Holi e Dussehra. Uma *puja* especial é feita em casa ou no templo, são trocados doces e presentes, e há muita música e dança. Comemoradas também pelos hindus que vivem fora da Índia, as festas são uma boa maneira para as crianças aprenderem mais sobre o hinduísmo e uma ocasião para encontrar amigos e parentes.

FESTAS LOCAIS
Muitas aldeias têm suas próprias festas, para comemorar a colheita do arroz ou do trigo, ou para homenagear os deuses locais. As mulheres ao lado preparam oferendas para uma festa. Algumas festas locais não são religiosas. A festa anual de pipas no oeste da Índia, por exemplo, é só para diversão.

Pipa

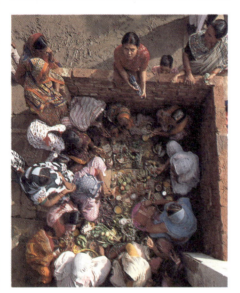

DIWALI
O Diwali é uma das festas hindus mais importantes e divertidas. Comemorado no final de outubro ou no começo de novembro, é a festa hindu das luzes. As pessoas acendem várias lamparinas a óleo e as colocam em suas portas e janelas, para guiar Rama de volta ao lar depois de seu longo exílio (veja p. 42). O Diwali é também uma ocasião para se venerar Lakshmi, a deusa da boa sorte, e para fazer o balanço anual dos negócios. As comemorações do Diwali duram cinco dias. As pessoas trocam cartões e presentes de prata e roupas novas. Há também espetáculos pirotécnicos e bastante comida especial de Diwali.

DUSSEHRA

A festa de Dussehra acontece em setembro. No leste da Índia, comemora-se a vitória de Durga sobre o demônio em forma de búfalo. Em outros lugares, a festa é pela vitória de Rama sobre o rei demoníaco Ravana. Esta história é representada como uma peça teatral chamada *Rama Lila*. Na última noite da peça, o ator no papel de Rama lança uma flecha incendiária em uma gigantesca figura de Ravana em papel-machê, como as mostradas na foto à direita. A figura é estofada com bombas e explode com um grande estampido.

HOLI

Holi comemora a chegada da primavera, em março ou abril. É a festa mais animada e suja do ano. Na Noite de Holi, acende-se uma fogueira e um boneco da bruxa má Holika é queimado. No dia seguinte, começa a diversão: as pessoas vestem suas roupas mais velhas e atiram água e pós coloridos umas nas outras. À noite, todos tomam banho, trocam de roupa e então visitam os parentes, para desejar-lhes um feliz Holi.

RAKSHA BANDHAN

Braceletes *rakhi*

Raksha Bandhan é uma festa familiar que acontece em agosto. As irmãs amarram braceletes coloridos, chamados *rakhis*, no pulso direito dos irmãos como demonstração de afeto. Elas também pedem a proteção dos irmãos durante o ano seguinte. Em troca, os irmãos devem dar a elas algum dinheiro ou um presente.

CALENDÁRIO HINDU

Mês hindu

Chaitra	março-abril
Vaishakha	abril-maio
Jyaishtha	maio-junho
Ashadha	junho-julho
Shravana	julho-agosto
Bhadra	agosto-setembro
Ashvina	setembro-outubro
Karttika	outubro-novembro
Margashirsha	novembro-dezembro
Pausha	dezembro-janeiro
Magha	janeiro-fevereiro
Phalguna	fevereiro-março

· QUAIS OS · · MOMENTOS · · MAIS · · IMPORTANTES · · NA VIDA · · DE UM HINDU? ·

Existem cerimônias especiais para muitas ocasiões importantes na vida de um hindu, tais como o nascimento, a maioridade, o casamento e a morte. Essas cerimônias são conhecidas como *samskaras*. Na tradição, há 16 delas na vida de um hindu, mas muito poucas pessoas celebram todas. Os *samskaras* começam ainda antes do nascimento, com orações para que o bebê seja saudável e feliz. Então há cerimônias para comemorar o nascimento, a primeira vez que o bebê vê o sol e seu primeiro corte de cabelo. Todas elas visam eliminar o mau carma das vidas anteriores do bebê. Os *samskaras* finais acontecem quando a pessoa morre e é cremada.

HORÓSCOPO

Este é um horóscopo hindu, traçado para um menino recém-nascido. É escrito em sânscrito e mostra a posição das estrelas e planetas no minuto exato do seu nascimento. O sacerdote desenha e lê o horóscopo para dizer o futuro do bebê. Isto é feito na mesma ocasião da cerimônia de nomeação, que em geral acontece dez dias depois do nascimento. O sacerdote deve ajudar a escolher um nome para o bebê, baseado no horóscopo. Os horóscopos também podem prever datas favoráveis para o casamento e outras festividades.

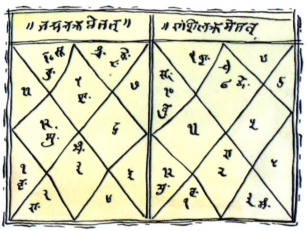

Horóscopo de um menino recém-nascido

LINHA SAGRADA

Com nove ou dez anos, os meninos hindus passam pela cerimônia da linha sagrada. Ela acontece apenas entre meninos das castas mais elevadas: brâmanes, xátrias e vaixiás. Na cerimônia, o sacerdote segura um grande laço de linha de algodão sobre o ombro esquerdo do menino e por baixo de seu braço direito, enquanto são feitas orações ao redor do fogo sagrado. A cerimônia significa um segundo "nascimento" e o começo da vida adulta, podendo então estudar os livros sagrados e assumir maiores responsabilidades na família. Deverá usar sua linha sagrada pelo resto da vida.

UM CASAMENTO HINDU

Muitos hindus casam-se com alguém que tenha sido escolhido por sua família. Um casamento hindu estende-se por vários dias, quando são cumpridos 15 rituais. Entre eles, está o de dar sete passos ao redor do fogo sagrado, fazendo um voto a cada passo. Então a noiva e o noivo trocam guirlandas de flores. A noiva usa um sari matrimonial de seda vermelha, debruado com linhas de ouro, muitas joias e uma linda maquiagem. Em vez de aliança de casamento, ela usa um colar especial.

ESTÁGIOS DA VIDA

A vida de um homem hindu é dividida em quatro estágios, chamados *ashramas*, com diferentes obrigações a cada estágio. São eles:

Brahmacharya	Vida de estudante
Grihastha	Vida de casado
Vanaprastha	Retiro
Sannyasin	Vida de homem santo peregrino

MORTE E CREMAÇÃO

Quando morrem, os hindus são levados a um local de cremação, onde são colocados numa plataforma entre toras de lenha e sândalo. O filho ou parente mais velho da pessoa acende o fogo, enquanto o sacerdote entoa cânticos dos livros sagrados. Conforme o fogo consome o corpo, o crânio se quebra e liberta a alma da pessoa para o renascimento. Mais tarde, as cinzas do corpo são recolhidas e, se possível, espalhadas no rio Ganges, dez dias a contar da manhã seguinte à cremação. Todos os anos, na data da morte, celebra-se uma cerimônia.

· O QUE É A ·
· MEDICINA ·
· TRADICIONAL ·
· HINDU? ·

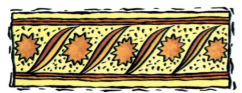

A medicina tradicional hindu é chamada Aiurveda, que significa a "ciência da longa vida". Ela tem sido praticada na Índia por milhares de anos; os primeiros livros sobre o assunto foram escritos nos séculos I e IV d.C. A medicina aiurvédica praticada hoje mudou muito desde aquele tempo. Os médicos que a seguem são chamados *vaidyas*. Eles acreditam que o corpo humano é constituído de três substâncias, chamadas humores. São elas a bílis, o sopro e o muco. A boa saúde é o resultado do equilíbrio dos humores. Se você ficar doente, será porque tem mais de um humor do que de outro, e o tratamento tentará recuperar o equilíbrio.

Também se alcança o equilíbrio alimentando-se de maneira saudável, fazendo bastante exercícios e praticando ioga. É tão importante cuidar da mente quanto do corpo.

PLANTAS SAGRADAS

A menina abaixo está cuidando de um arbusto de *tulsi*, uma erva, assim como o manjericão. É uma planta sagrada, ligada a Vishnu, e acredita-se que tenha um grande poder de cura. Muitos hindus plantam arbustos de tulsi em casa para dar sorte e cuidam dessas plantas com muito carinho. Outras plantas sagradas são as árvores de *pipal* (figueira) e *ashoka*. As folhas desta costumam ser penduradas ao redor da entrada do santuário familiar.

FARMÁCIA AIURVÉDICA

Esta farmácia em Pushkar, no oeste da Índia, é mantida pelo governo. Ali são vendidos remédios aiurvédicos. Muitos hindus os preferem às drogas modernas, mas algumas pessoas usam um pouco dos dois. O farmacêutico aiurvédico mistura os ingredientes recomendados pelo *vaidya* ou ele mesmo sugere um remédio. São usadas centenas de ingredientes na composição de um remédio aiurvédico. Entre eles, incluem-se plantas, ervas, especiarias e óleos, cada um com seus peculiares poderes curativos. Acredita-se que pedras preciosas, metais e cores também têm poder de cura.

ROTINA DE SAÚDE

A seguir, uma sugestão de rotina aiurvédica para uma vida mais saudável e feliz.
- Acordar cedo, antes do nascer do sol.
- Ir ao banheiro regularmente.
- Tomar banho todos os dias.
- Tomar o café da manhã antes das 8.
- Lavar as mãos antes e depois de comer.
- Escovar os dentes depois das refeições.
- Fazer uma caminhada de 15 minutos depois das refeições.
- Comer em silêncio e concentrado no alimento.
- Mastigar devagar.
- Massagear as gengivas todos os dias com os dedos.
- Beber bastante água.
- Dormir antes das 10 da noite.

REMÉDIOS NATURAIS

As ervas e especiarias mostradas acima e à direita são usadas na medicina aiurvédica. Eis algumas de suas propriedades de cura:

Alho – bom contra reumatismo e problemas no ouvido.

Canela – elimina toxinas do corpo; boa para a digestão.

Cardamomo – bom para o coração e pulmões; alivia a dor.

Coentro – bom para a digestão e problemas de pele.

Cravo – o óleo de cravo alivia a dor de dente e resfriados.

Gengibre – bom contra dor de cabeça, garganta inflamada e resfriados.

Mel – bom para os olhos e dentes; ajuda a curar ferimentos.

Pimenta-do-reino – boa contra perda de apetite e para reduzir inchaços.

VENDEDOR AMBULANTE

Este vendedor ambulante espalhou seu sortimento de raízes, plantas secas e ervas sobre a calçada para que os pedestres vejam. Muitas dessas plantas vêm das montanhas. A barra de metal à frente do vendedor é sua balança.

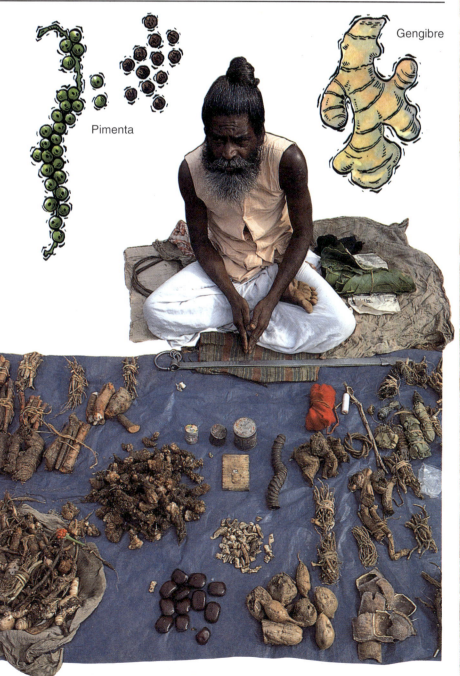

COMO É A ARTE HINDU?

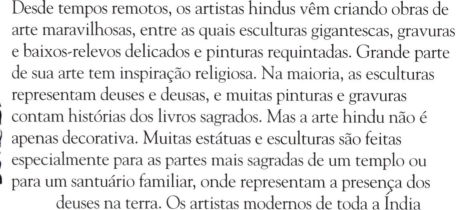

Desde tempos remotos, os artistas hindus vêm criando obras de arte maravilhosas, entre as quais esculturas gigantescas, gravuras e baixos-relevos delicados e pinturas requintadas. Grande parte de sua arte tem inspiração religiosa. Na maioria, as esculturas representam deuses e deusas, e muitas pinturas e gravuras contam histórias dos livros sagrados. Mas a arte hindu não é apenas decorativa. Muitas estátuas e esculturas são feitas especialmente para as partes mais sagradas de um templo ou para um santuário familiar, onde representam a presença dos deuses na terra. Os artistas modernos de toda a Índia ainda esculpem imagens dos deuses em pedra, madeira e bronze. Eles usam praticamente as mesmas ferramentas e técnicas dos artistas do passado.

A IMAGEM DE UM DEUS
Esta estátua de Vishnu foi esculpida em marfim. Vishnu está sentado sobre as voltas da serpente de várias cabeças, Sesha. Ele repousa em Sesha enquanto espera que Brahma crie o mundo. Em seus quatro braços, Vishnu segura os signos de sua santidade e poder: dois objetos sagrados, uma concha e uma flor de lótus, e duas armas, um cajado e um disco. Ele usa uma coroa alta e coberta de joias como signos de sua realeza.

O SÍMBOLO DE SHIVA
No altar de um templo dedicado a Shiva você não encontrará uma estátua do deus, mas uma simples pedra ou mármore escavados como abaixo. Isto se chama *lingam* e é o símbolo da presença e do poder de Shiva. Os fiéis podem comprar outros *linga* (o plural de lingam) bem menores, para ter em casa ou levar consigo para dar sorte.

Lingam de Shiva

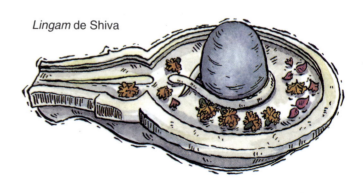

PINTURA HINDU

Esta pintura mostra Vishnu rodeado por seus dez avatares (veja p. 17). Da esquerda para a direita, eles são (fileira superior) Matsya, o peixe; Kurma, a tartaruga; Varaha, o porco; (segunda fileira) Narasimha, o homem-leão; Vamana, o anão; (terceira fileira) Parashurama, o guerreiro; Rama; (fileira inferior) Krishna, Buda e Kalki, o cavaleiro. A figura foi pintada no século XVIII por artistas de Rajasthan, no oeste da Índia. Eles se especializaram em obras muito delicadas e detalhadas.

UM TEMPLO MODERNO

O moderno templo abaixo é o Templo de Tulsi Manas, em Varanasi. Foi construído em 1964 em honra ao poeta Tulsi Das (veja p. 29). Pode-se ver a alta torre *shikhara* elevando-se sobre o altar. Dentro do templo, os versos do grande poema de Tulsi Das, o *Ram Charit Manas*, foram gravados sobre as paredes de mármore branco. O poema se baseia no sagrado *Ramayana*. Tulsi Das viveu em Varanasi enquanto escrevia sua obra-prima.

SÍMBOLOS

A arte hindu apresenta vários símbolos, cada um com um significado especial.

O símbolo da suástica é um antigo sinal de paz.

Om representa a perfeição.

A flor de lótus é um símbolo de Vishnu.

O *Shri* simboliza a prosperidade e o bem-estar.

• OS HINDUS • GOSTAM • DE MÚSICA • E DANÇA? •

A música e a dança são partes importantes das festividades e comemorações hindus. As histórias dos poemas *Ramayana* e *Mahabharata* costumam ser musicadas ou recontadas na dança, o que lhes dá vida. Dançarinos e músicos apresentam-se em templos e são convidados a se apresentar em casamentos. A plateia muitas vezes participa, batendo palmas e cantando junto. A música e a dança clássicas hindus seguem regras precisas, estabelecidas milhares de anos atrás. Mas existem diversos estilos de música e dança. Entre esses estão os hinos religiosos, chamados *bhajans*, que são cantados em templos, e as animadas danças folclóricas, apresentadas por ocasião das festas. Cada região da Índia tem suas próprias músicas e danças.

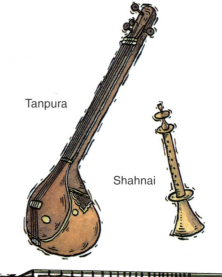

Tanpura

Shahnai

Rudra-vina

MÚSICA CLÁSSICA
Da esquerda para a direita, estes músicos estão tocando as *tablas* (tambores), a *cítara* (tocada como um violão) e um *sarangi* (tocado com um arco, como um violoncelo). Eles não seguem uma partitura musical. Em vez disso, os músicos clássicos indianos se baseiam em uma das diversas melodias chamadas *ragas*. Os músicos improvisam o resto da música a partir da raga. Cada raga passa um estado de alma diferente, como tristeza, coragem ou amor, que é indicado para um determinado momento do dia.

MÚSICA E DANÇA

O citarista indiano Ravi Shankar ajudou a difundir a música clássica indiana em todo o mundo.

Alguns filmes hindus contêm até 18 músicas e danças e podem durar até quatro horas.

Um antigo livro sobre dança clássica relaciona 36 maneiras de os dançarinos levantarem e abaixarem os olhos, pálpebras e sobrancelhas, para mudar de expressão.

Uma raga é geralmente constituída de cinco a sete notas.

INSTRUMENTOS MUSICAIS
Os instrumentos musicais clássicos mostrados acima são:
Shahnai – um instrumento de sopro como o oboé, com sete orifícios.
Tanpura – um instrumento de cordas com mais de 1 metro de comprimento, mantido levantado à frente do músico.
Rudra-vina – um instrumento de cordas com duas cabaças.

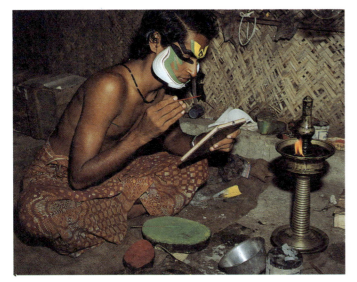

MAQUIAGEM DO PERSONAGEM

Este dançarino Kathakali está fazendo sua maquiagem antes da apresentação. Cada dançarino usa roupas e maquiagem de cores diferentes, dependendo se representa um herói, um vilão, um rei ou demônio. O verde significa o bem, vermelho significa valentia ou violência, o preto significa o mal e o branco a pureza.

LINGUAGEM DAS MÃOS

Na dança clássica indiana, cada gesto ou movimento dos olhos, cabeça e mãos tem um significado especial. As posições de mãos ao lado chamam-se *mudras*. As mostradas aqui são usadas num estilo de dança clássica chamado Kathak. A plateia pode acompanhar a história só olhando os movimentos das mãos dos dançarinos. Para se tornar um dançarino clássico indiano são necessários muitos anos de treinamento: há centenas de mudras e outros movimentos para aprender.

DANÇARINOS KATHAKALI

Esta é a dança Kathakali, um estilo de dança do sul da Índia. Os dançarinos são todos homens. Eles usam roupas sofisticadas e máscaras para executar danças muito dramáticas baseadas nos grandes poemas hindus. Os personagens sobrenaturais saltam sobre o palco ao som de tambores e pratos. Algumas apresentações podem durar até 12 horas.

OS HINDUS GOSTAM DE CONTAR HISTÓRIAS?

Sim, eles gostam! As histórias mais conhecidas são tiradas do *Ramayana*, do *Mahabharata* e de outros livros sagrados. Elas falam de proezas e aventuras de deuses como Rama e Krishna. Durante milhares de anos, antes dessas histórias serem escritas, os contadores as aprendiam de ouvido e perambulavam de aldeia em aldeia recitando-as.
Os contadores de histórias ainda são muito requisitados em casamentos e outras comemorações. As crianças hindus ouvem essas histórias desde muito pequenas e podem lê-las em revistas de histórias em quadrinhos e vê-las na televisão. A história a seguir é uma das preferidas e conta como Rama resgata Sita das garras de Ravana, o rei demoníaco de Lanka.

A HISTÓRIA DO RAMAYANA

O rei Dasharatha era o senhor de Ayodhya, uma cidade no norte da Índia. Rama era o mais velho dos quatro filhos do rei e herdeiro do trono. A madrasta de Rama, porém, tinha outros planos: queria que seu filho, Bharata, fosse o rei. Ela convenceu o marido a expulsar Rama do reino por 14 anos. Com tristeza, Rama fez o que lhe mandaram. Deixou sua casa e foi viver na floresta com sua esposa, Sita, e seu irmão, Lakshman. Um dia, enquanto Rama e Lakshman estavam fora, caçando veados, Sita foi sequestrada pelo demoníaco rei de Lanka, o terrível Ravana, que tinha dez cabeças. Rama e Lakshman a procuraram na floresta durante vários dias, mas Sita não se encontrava em lugar nenhum e Rama ficou arrasado. "Vou encontrá-la", ele prometeu, "nem que seja a última coisa que eu faça na vida." Pediu a seu fiel amigo Hanuman, o general-macaco, para ajudá-lo. Hanuman era o comandante de um grande exército e além disso tinha muitos poderes mágicos. Hanuman procurou para cima e para baixo, sem sorte nenhuma, até que chegou à extremidade da Índia, bem ao sul do país. Lá ele encontrou um abutre que lhe contou que Ravana levara Sita para seu palácio, muitos quilômetros mar afora. Como poderia Hanuman cruzar o oceano? Acontece que Hanuman não era um macaco comum, mas o filho do deus do vento. Tomando impulso, ele deu um salto enorme e cruzou o céu por cima do mar até Lanka. Penetrou no poderoso palácio de Ravana e encontrou Sita. Ela era mantida como prisioneira no jardim do palácio, cercada pelos guardas demoníacos de Ravana. Hanuman disse a ela que Rama viria resgatá-la. Então ele tentou sair mas os guardas demoníacos o prenderam e levaram à presença de Ravana, que o amarrou com cordas de serpentes e ordenou aos guardas que ateassem fogo a sua cauda. Sita rezou aos deuses para salvá-lo e eles a atenderam. Com a cauda apenas ligeiramente chamuscada, Hanuman pulou o mar e voltou a se encontrar com Rama.
Rama e Lakshman reuniram um grande exército, comandado por Hanuman e Jambhavan, rei dos ursos. Eles construíram uma grande ponte sobre o oceano até Lanka e marcharam sobre ela para a batalha. Ravana os esperava, e mandou seus melhores generais, gigantes e demônios, para matar Rama. Mas Rama simplesmente os jogou de lado. Então Ravana mandou um exército dos piores demônios que conseguiu encontrar. A batalha durou a noite inteira e pela manhã o chão estava coberto de sangue. Entre os feridos jaziam Rama e Lakshman.
Hanuman pensou rápido. A única maneira de salvar

RAVANA
Ravana, um demônio de dez cabeças, era o maléfico rei de Lanka, a ilha que chamamos de Sri Lanka. Disseram-lhe que, se casasse com Sita, ele se tornaria o governante do mundo.

PERSONAGENS

Rei Dasharatha	Pai de Rama
Rama	Um avatar de Vishnu, nascido na terra como um príncipe real
Lakshman **Shatrughna** **Bharata**	} Irmãos de Rama
Sita	Esposa de Rama
Ravana	Rei de Lanka
Indrajit	Filho de Ravana
Jambhavan	Rei dos ursos
Hanuman	O deus-macaco

Hanuman é um general do exército de macacos que se torna o amigo fiel de Rama. Ele também é filho do deus-vento e tem muita força, energia e sabedoria.

Hanuman

os dois era conseguir as ervas de cura do alto da montanha. Ele pulou, então, o mais depressa que pôde. Quando voltou, deu as ervas a Rama e Lakshman e eles ficaram curados. Era chegada a hora de Rama se encontrar cara a cara com Ravana, sozinho. Ravana vestiu sua armadura prateada, com um capacete de prata em cada uma das dez cabeças, e saiu em sua carruagem de guerra na direção de Rama. Mas Rama estava preparado. Colocando uma flecha de ouro em seu arco, atirou-a direto no coração de Ravana. Com um grito terrível e uma convulsão de agonia, Ravana caiu no chão e morreu.

Então Sita apareceu de dentro do palácio de Ravana e se encontrou afinal com Rama. Juntos, com Lakshman e seu fiel amigo Hanuman, eles voltaram para casa em Ayodhya, pois o exílio havia acabado. Lá Rama e Sita foram coroados rei e rainha, em meio às maiores manifestações de que já se viram.

ATORES
As crianças acima estão vestidas como Rama e Sita, prontas para representar a história do *Ramayana* durante a festa de Dussehra (veja p. 33).

43

GLOSSÁRIO

ALTAR Santuário interno de um templo, onde a imagem do deus ou deusa fica exposta. É a parte mais sagrada do templo.

ARATI Bandeja com lamparinas ou queimadores de incenso oferecida a um deus ou deusa como sinal de boas-vindas.

ÁRIAS Povo que invadiu a Índia pelo noroeste, por volta de 1500 a.C. Sua religião, deuses e livros sagrados foram o ponto de partida do hinduísmo.

ASHRAM Lugar onde os hindus podem ir para aprender sobre sua religião e para meditar. Os *ashrams* costumam estar ligados a monastérios ou templos.

ASHRAMA Um dos quatro estágios na vida de um hindu. (Não confundir com *ashram*.)

AVATAR Forma assumida pelo deus Vishnu em suas visitas à terra. Os dois avatares mais importantes de Vishnu são Rama e Krishna.

AIURVEDA O antigo e tradicional sistema de medicina hindu.

BHAJAN Hino ou canção religiosa.

BRAHMAN A alma ou espírito supremo, que não tem corpo nem forma. (Não confundir com o deus Brahma, o criador do mundo.)

CARMA Os atos e seus resultados.

DARSHANA Visão ou lembrança da imagem do deus ou deusa no templo. O principal objetivo de uma visita a um templo ou santuário.

GHAT Degrau para um rio de onde as pessoas podem se banhar ou onde os corpos são cremados.

GURU Mestre religioso.

YANTRA Desenho ou padrão especial em que a pessoa se concentra para focalizar a mente enquanto medita.

LINGAM Pedra ou mármore escavados usados para simbolizar Shiva. (O plural é linga.)

MANDIR Templo hindu.

MEDITAÇÃO Sentar-se em repouso, focalizando seus pensamentos numa palavra ou imagem para alcançar a tranquilidade ou a paz interior.

MOKSHA A libertação da alma do ciclo de nascimento e renascimento, objetivo de vida de todo hindu.

PRASAD Comida ou flores que são ofertadas à divindade para serem benzidas. Depois são devolvidas aos fiéis para levar a bênção para eles.

PUJA Forma de culto praticada num templo ou santuário.

RAKHI Bracelete de algodão ou seda e enfeitado com bugigangas. As irmãs amarram *rakhis* nos punhos dos irmãos na festa de Raksha Bandhan em agosto.

REENCARNAÇÃO Crença de que a alma de uma pessoa renasce em outro corpo depois da morte.

SADHU Homem santo hindu, ou apenas santo.

SAMSARA O ciclo de nascimento, morte e renascimento.

SAMSKARA Cerimônia especial praticada numa época importante da vida de um hindu, como nascimento, casamento ou morte.

SANATANA DHARMA Como os hindus descrevem seu conjunto de crenças, a "lei eterna" ou "ensinamento perpétuo".

SANNYASIN Pessoa que abandonou sua casa e bens mundanos para viver uma vida como monge peregrino.

SÂNSCRITO Língua da Índia na Antiguidade e hoje língua dos livros sagrados do hinduísmo.

SUÁSTICA O antigo símbolo hindu da paz e boa sorte. A palavra significa "está bem".

TILAKA Marca feita com pasta vermelha na testa de uma pessoa como sinal de bênção.

TIRTHA Lugar sagrado para os hindus, geralmente próximo a um rio. Acredita-se que seja uma encruzilhada, passagem deste mundo para *moksha*.

ÍNDICE REMISSIVO

Agni 13
alimentos 21
Allahabad 31
animais 12, 13, 17, 21
árias 10, 12-13, 28, 29, 44
arte 38-9
ashram 15, 26, 44
Aurobindo, Sri 10, 26
avatares 17, 18, 19, 39, 44
Ayodhya 11, 30, 42, 43
aiurveda 36-7, 44

Bali 8
bênçãos 14, 23, 25, 44
banho 14, 31, 44
Bhagavad Gita 29
Brahman 16, 28, 44
Brahma 16, 17, 23, 38
brâmanes 27
Buda 10, 17, 39

calendário 33
carma 14, 20, 34, 44
casamentos 20, 34, 35, 40, 42
castas, sistema de 10, 20, 34
cerimônias 34-5
Chandra 18
comemorações 32-3, 34-5, 40, 42
cremação 34, 35, 44
crenças 14-15
crianças 15, 20, 21, 32, 34, 42, 43

dança 17, 40-1
deuses e deusas 12, 13, 15, 16-19, 21,
   22-3, 24, 26, 27, 28, 29, 30, 32,
   38, 42, 44
dharma 15
Diwali 32
doces 21, 32
Durga 18, 19, 33
Dussehra 32, 33, 43

ervas 36-7
escolas 15, 26, 27
escrita 29
escultura 13, 38

família, vida em 20-1
festas 21, 32-3, 40

Gandhi, Mahatma 10, 11, 26
Ganesha 19
Ganges, rio 14, 24, 26, 30, 31, 35
guru 15, 26, 28, 44

Hanuman 18, 25, 42-3
Harappa 10, 12
Himalaia 31
hinos 12, 13, 28, 40, 44
histórias 42-3
Holi 32, 33
homem santo 6, 15, 22, 26-7, 30, 35, 44
horóscopos 34

Índia 8, 9, 10-11, 21, 22, 23, 27, 29,
   31, 32, 33, 36, 39, 40-1, 42
Indo, civilização do vale do 10, 12
Indonésia 8, 11
Indra 13, 21
Inglaterra 9, 10, 11
ioga 15, 27, 36

Kali 18
Kanchipuram 22
Kathakali, dança 41
Krishna 17, 18, 19, 21, 29, 39, 42, 44

Lakshman 42-3
Lakshmi 17, 21, 32
lingam 23, 38, 44
línguas 29, 44
linha sagrada, cerimônia da 34
livros sagrados 10, 11, 14, 25, 27, 28-
   9, 34, 35, 38, 42-3, 44
Lua 18
lugares sagrados 30-1

Mahabalipuram 23
Mahabharata 10, 28, 29, 40, 42
mãos, linguagem das (dança) 41
meditação 8, 14, 15, 26, 27, 44
Mohenjo Daro 10, 12
moksha 14, 15, 27, 29, 30, 44
monásticas, escolas 15, 26
monges 26, 44
morte 34, 35, 44
muçulmanos 10, 11
música 16, 32, 40

Nandi 17, 23
nomes 20, 21, 34

Om 14, 39
orações 14, 15, 23, 25, 26, 27, 28, 30, 34
Paquistão 8, 9, 10, 11
Parvati 18, 19, 31
peregrinações 30-1
plantas sagradas 36

poemas 10, 28, 29, 40, 41
puja 21, 24, 27, 32, 44
Pushkar 23

Raksha Bandhan 33, 44
Rama 11, 17, 18, 29, 31, 32, 33, 39,
42-3, 44
Ramakrishna, Missão 10, 27
Ramanathaswamy, templo 31
Ramayana 10, 18, 28, 29, 39, 40, 42-3
Ravana 18, 29, 31, 33, 42-3
reencarnação 14, 44
remédio 36-7, 44
Rig Veda 10, 28
rituais 13, 24-5, 34-5, 44

sacerdotes 12, 15, 20, 24, 26, 29, 34
sacrifícios 13
sadhu 8, 26, 44
samsara 14, 44
samskaras 34, 44
sanatana dharma 8, 44
sânscrito 29, 34, 44
santuários 22, 23, 24-5, 38, 44
Saraswati 16, 17, 23
selos de pedra 10, 12
Shankar, Ravi 40
Shiva 16, 17, 18, 19, 22, 23, 26, 30,
31, 38, 44
símbolos 11, 14, 39
sinos 22
Sita 18, 29, 42-3
Sol 18
suástica 11, 39, 44
Surya 18

templos 8, 9, 11, 14, 16, 22-3, 24-5,
26, 27, 28, 30, 31, 32, 38, 39, 40, 44
Tulsi Das 10, 29, 39
Tulsi Manas, Templo de 39
tulsi, arbusto 36

Upanishads 10, 11, 28, 29
Ushas 18

vacas sagradas 21
Varanasi 28, 30, 39
Vedas 10, 28, 29
vegetariana, comida 21
vendedores ambulantes 37
Vishnu 16, 17, 18, 19, 21, 26, 36, 38,
39, 44
Vivekananda, Swami 10, 26, 27

Yamuna, rio 31
Yantra 27, 44

Impressão e Acabamento
assahi
gráfica e editora ltda.